QUESTIONS RÉPONSES

6/8 ans

Pays et peuples

écrit par **Philip Steele**
traduit par **Ariane Bataille**

Nathan

OTTAWA PUBLIC LIBRARY
BIBLIOTHEQUE PUBLIQUE D'OTTAWA

Édition originale parue sous le titre :
I Wonder Why Countries Fly Flags
© Macmillan Children's Books 1995,
une division de Macmillan Publishers Ltd., Londres
Auteur : Philip Steele
Direction artistique : Amanda Francis
Illustrations : Peter Dennis (Linda Rogers Associates) 4-5,
20-21, 30-31 ; Chris Forsey 8-9, 12-13, 17, 24-25, 26-27, 28-29 ;
Terry Gabbey (AFA) 22-23 ; Luigi Galante (Virgil Pomfret
Agency) 10-11, 14-15 ; Tony Kenyon (B.L. Kearley) pour tous
les dessins humoristiques ; Angus Mc Bride (Linden Artists)
16-17 ; Nicki Palin 6-7, 18-19.

Édition française :
© 1995, 2005, 2009 NATHAN
© 2012 NATHAN pour la présente édition
Conseiller : Keith Lye
Traduction : Ariane Bataille
Réalisation : Archipel studio
Coordination : Véronique Herbold
avec la collaboration d'Aurélie Abah
Composition : PFC-Dole
N° éditeur : 10181132
ISBN : 978-2-09-253762-6
Dépôt légal : février 2012

Conforme à la loi n° 49-956 du 16 juillet 1949
sur les publications destinées à la jeunesse.

Imprimé en Chine

LES QUESTIONS DU LIVRE

Qu'est-ce qu'un pays ?

Un pays est un territoire indépendant avec son propre fonctionnement. Les habitants obéissent à des lois établies par le gouvernement, généralement constitué du Président, du Premier ministre et des ministres. Chaque pays a un nom et des frontières, que les autres pays doivent respecter.

La France fait partie de l'Union Européenne qui regroupe la majorité des pays d'Europe. Avec d'autres pays membres, elle a adopté une monnaie commune : l'euro.

Chaque pays a ses propres timbres. On y voit souvent le portrait du chef de l'État, mais aussi des paysages, des tableaux, des hommes célèbres, des monuments.

Les habitants de chaque pays agitent leur drapeau pendant les défilés et les cérémonies.

CHINE

BRÉSIL

SUÈDE

GRÈCE

ALLEMAGNE

ISRAËL

À quoi servent les drapeaux ?

Chaque pays possède son drapeau. C'est le symbole de l'unité du pays. Il peut être orné de bandes de couleurs, d'étoiles, de soleils ou d'emblèmes religieux, comme les croix et les croissants. Le drapeau français est formé des couleurs de Paris : le bleu et le rouge, et de la couleur de la royauté : le blanc. Les jours de fêtes, tous les monuments en sont décorés.

Chaque pays est doté d'un hymne national. En France, on chante la Marseillaise lors des cérémonies officielles.

AFRIQUE DU SUD

AUSTRALIE

ROYAUME-UNI

CANADA

TURQUIE

ARGENTINE

CORÉE DU SUD

JAMAÏQUE

AUTRICHE

Où y a-t-il le plus de monde ?

Plus d'un milliard de personnes vivent en Chine et environ 18 300 bébés y naissent chaque année, soit plus de 50 par jour. Les Chinois ne fêtent pas leur anniversaire le jour où ils sont nés, mais tous en même temps, le jour du nouvel an chinois !

Le nouvel an chinois se fête dans le monde entier à la fin du mois de janvier, ou au début du mois de février. Il est célébré par des spectacles de rue extraordinaires.

JOYEUX ANNIVERSAIRE

La plus grande fête d'anniversaire jamais célébrée s'est déroulée le 4 juillet 1991, à l'occasion des anniversaires des États-Unis et du Canada. Cette fête attira plus de 75 000 personnes.

Quel est le plus grand pays ?

La Russie est si vaste qu'il faut huit jours pour la traverser en train ! À l'heure où les enfants de Moscou se lèvent, ceux de Vladivostok, un port situé sur la côte est du pays, rentrent déjà chez eux.

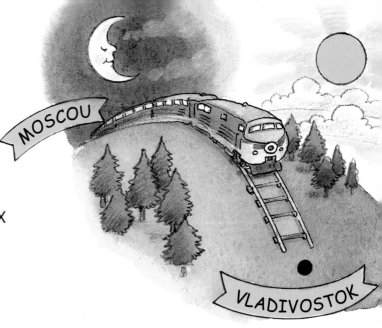

MOSCOU

VLADIVOSTOK

Quel continent n'a pas de pays ?

L'Antarctique, une étendue de terre gelée qui entoure le pôle Sud, ne possède ni habitants, ni drapeau, ni gouvernement. Un accord a été signé entre plusieurs nations pour que la nature y soit préservée à l'état sauvage et puisse ainsi être étudiée par des scientifiques.

Dans l'Antarctique, une centaine de scientifiques étudient les roches, le climat, les plantes et les animaux.

Combien y a-t-il de pays ?

Il y a 194 pays indépendants dans le monde, mais leur nombre varie constamment. De nouveaux États indépendants se créent, comme le Timor-Oriental en 2002 et plus récemment le Sud-Soudan (ou Soudan du Sud), tandis que d'autres s'unissent, comme le firent l'Allemagne de l'Est et l'Allemagne de l'Ouest en 1990.

1 Guatemala
2 Bélize
3 Salvador
4 Honduras
5 Nicaragua
6 Costa Rica
7 Panama
8 Cuba
9 Bahamas
10 Jamaïque
11 Haïti
12 République dominicaine
13 Antigua et Barbuda
14 Dominique
15 Barbade
16 Saint-Vincent et les Grenadines
17 Trinité et Tobago
18 Équateur
19 Irlande

20 Royaume-Uni
21 Belgique
22 Pays-Bas
23 Luxembourg
24 Suisse
25 Liechtenstein
26 Saint-Marin
27 Vatican
28 Italie
29 Monaco
30 Andorre
31 Danemark
32 Estonie
33 Lettonie
34 Lituanie
35 République tchèque
36 Autriche
37 Slovaquie
38 Hongrie
39 Slovénie
40 Croatie

41 Bosnie-Herzégovine
42 Serbie
43 Monténégro
44 Kosovo
45 Macédoine
46 Albanie
47 Grèce
48 Bulgarie
49 Moldavie
50 Malte
51 Chypre
52 Liban
53 Israël

Certains pays, dans les îles du Pacifique, sont trop petits pour apparaître sur cette carte :
Fidji, Kiribati, Micronésie, Nauru, Palau, Onga, Tuvalu, et Samoa occidentales.

OCÉAN ARCTIQUE

ISLANDE

NORVÈGE
SUÈDE
FINLANDE
RUSSIE

ALLEMAGNE
POLOGNE BIÉLORUSSIE
UKRAINE
FRANCE
ROUMANIE
PORTUGAL ESPAGNE
TURQUIE
GÉORGIE
KAZAKHSTAN
MONGOLIE
OUZBÉKISTAN
TURKMÉNISTAN
CHINE
CORÉE DU NORD
CORÉE DU SUD
JAPON

MAROC
ALGÉRIE
LIBYE
ÉGYPTE
SYRIE
IRAK
IRAN
AFGHA-NISTAN
PAKISTAN
NÉPAL
TAÏWAN

MAURITANIE
MALI
NIGER
TCHAD
SOUDAN
ARABIE SAOUDITE
YÉMEN
OMAN
INDE
BIRMANIE
LAOS
VIETNAM
THAÏLANDE
CAMBODGE
PHILIPPINES

CÔTE D'IVOIRE
GHANA
BÉNIN
NIGERIA
CAMEROUN
RÉPUBLIQUE CENTRAFRICAINE
SUD-SOUDAN
ÉTHIOPIE
SOMALIE
MALDIVES
MALAISIE
SINGAPOUR

SÃO TOMÉ ET PRINCIPE
GABON
CONGO
RÉPUBLIQUE DÉMOCRATIQUE DU CONGO
KENYA
SEYCHELLES
OCÉAN INDIEN
INDONÉSIE
PAPOUASIE NOUVELLE-GUINÉE

TANZANIE
COMORES
ANGOLA
ZAMBIE
MADAGASCAR
ÎLE MAURICE
AUSTRALIE

NAMIBIE
MOZAMBIQUE
BOTSWANA
AFRIQUE DU SUD

NOUVELLE-ZÉLANDE

62 Kirghizistan
63 Bhoutan
64 Bangladesh
65 Sri Lanka
66 Singapour
67 Brunei
68 Timor-Oriental
69 Érythrée
70 Djibouti
71 Ouganda
72 Rwanda
73 Burundi
74 Malawi
75 Zimbabwe

54 Jordanie
55 Arménie
56 Azerbaïdjan
57 Koweït
58 Bahreïn
59 Qatar
60 Émirats arabes unis
61 Tadjikistan

76 Swaziland
77 Lesotho
78 Guinée équatoriale
79 Togo
80 Liberia
81 Sierra Leone
82 Guinée
83 Guinée-Bissau
84 Gambie
85 Sénégal
86 Burkina-Faso
87 Tunisie

9

Quelle ville est dans les nuages ?

Lhassa se trouve au Tibet, une région occupée par la Chine. Située à 3 600 mètres d'altitude et entourée par la plus grande chaîne de montagnes du monde, l'Himalaya, la ville est souvent enveloppée de nuages ! Lhassa compte de nombreux monuments liés au bouddhisme tibétain, comme le Potala.

On appelle parfois le Tibet « le Toit du monde », parce qu'il est situé au sommet de très hautes montagnes.

Pour visiter le Potala, le somptueux palais aux toits d'or qui domine Lhassa, la capitale du Tibet, il faut monter un escalier de 1 000 marches.

Où marche-t-on sur l'eau ?

La ville de Venise, en Italie, est formée d'une multitude de petites îles à l'intérieur d'un lagon. Les canaux remplacent les rues d'une ville ordinaire : il y en a plus de 170 ! Les habitants se déplacent en bateau à moteur (le vaporetto) ou en gondole, plutôt qu'en bus ou en métro.

Les chefs d'État habitent dans la capitale de leur pays. Ainsi le Président français vit à Paris, dans le palais de l'Élysée, et celui des États-Unis à Washington, dans la Maison Blanche.

Quelle est la ville la plus peuplée ?

Plus de 32,5 millions de personnes vivent dans l'agglomération de Tokyo, au Japon, ce qui en fait la ville la plus peuplée du monde. Et sa population ne cesse de croître !

Où écrit-on avec un pinceau ?

L'art de l'écriture s'appelle la calligraphie. Au Japon, les enfants commencent à l'apprendre à l'école.

En Chine et au Japon, l'écriture est aussi un art appelé calligraphie. On utilise un pinceau et de l'encre, avec lesquels on dessine de très beaux caractères. Les artistes encadrent leurs œuvres pour les accrocher au mur, et les peintures elles-mêmes contiennent souvent des caractères calligraphiés.

L'alphabet chinois est composé de 50 000 caractères ! Heureusement, à l'école, les enfants ne doivent en apprendre que 5 000.

Où lit-on de droite à gauche ?

Certaines écritures, comme l'hébreu ou l'arabe, se lisent de droite à gauche. Si ce livre était écrit en arabe, tu l'ouvrirais en commençant par la dernière page.

Dans quel pays parle-t-on plus de 800 langues ?

Les habitants de la Papouasie-Nouvelle-Guinée vivent dans de petits villages isolés au milieu de la forêt vierge ou en haut des montagnes. Chaque groupe possède un langage différent. Il se parle donc des centaines de langues dans le pays !

En Papouasie-Nouvelle-Guinée, les habitants ont souvent besoin d'un interprète pour se comprendre.

Il existe environ 5 000 langues différentes dans le monde. Voici quelques façons de dire « bonjour ».

Jambo !
Namaste !
¡ Hola !
Czesc !
Dag !

Swahili   Hindi   Espagnol   Polonais   Hollandais

Le nom de lieu le plus long est néo-zélandais, avec 85 lettres. Le plus court est français, avec une seule lettre : Y !

Taumatwhakatangihangakoauaotamateaturipukakapikimaungahoronukupokaiwhenuakitanatahu

Qu'est-ce qu'une maison commune ?

À Bornéo, la plus grande des îles d'Asie, il existe des maisons très longues, construites sur pilotis, et faites de bois et de bambou. Elles abritent des dizaines de familles différentes. Chacune d'entre elles dispose d'une pièce particulière.

Une maison commune peut abriter jusqu'à 100 familles.

De nombreuses familles vivent également dans les tours des grandes villes. Les plus hautes d'entre elles accueillent des milliers de personnes.

Des jardins peuvent-ils flotter ?

Aux Pays-Bas, beaucoup de gens habitent des péniches amarrées le long des canaux. Souvent très fleuris, ces bateaux ressemblent à des jardins sur l'eau.

Comment vit-on dans le désert ?

Le désert de Gobi, en Mongolie, est le plus grand désert d'Asie. Situé à une altitude de 1 000 mètres (en moyenne), les étés y sont étouffants et les hivers très froids. Les bergers nomades et leurs familles sillonnent le désert, et vivent sous de solides tentes de feutre, les yourtes, qui les protègent du froid et du soleil.

Que mange-t-on depuis toujours ?

La recette des crêpes n'a pas changé depuis la préhistoire ! On les préparait déjà avec du lait, des œufs et de la farine, qui varie selon les pays : farine de blé, de maïs, d'avoine ou de pomme de terre.

Depuis toujours, dans tous les pays du monde, les céréales sont broyées en farine pour faire des crêpes.

L'alimentation est différente selon les pays. Dans certaines régions, on mange des serpents, des cochons d'Inde, des insectes croustillants, et même des yeux de mouton !

Qui se régale de papillons, de vers et de coquilles ?

Vermicelles

La manière de se tenir à table varie selon les pays. Mais, dans plusieurs, on évite de poser ses coudes sur la table et de faire du bruit en mangeant.

Toi, quand tu manges des pâtes italiennes ! Les *farfalle* sont des papillons, les vermicelles, des vers, les *conchiglie*, des coquilles. Les pâtes sont préparées à base de farine, d'œufs et d'eau, puis découpées en différents dessins. C'est un plat délicieux !

Farfalle

Conchiglie

Il existe plus de 100 formes et tailles de pâtes, des lettres de l'alphabet jusqu'aux spaghettis !

Où met-on des heures à boire une tasse de thé ?

Au Japon, la cérémonie du thé, appelée chanoyu, est une tradition très ancienne. On prépare avec beaucoup de soin un thé particulier : vert et en poudre, qu'on déguste si lentement que cela peut prendre des heures !

Quelles femmes portent un chapeau melon ?

Le lac Titicaca, dans les Andes, est le plus haut lac du monde. Les gens y naviguent d'une île à l'autre dans des barques en roseau.

Dans la cordillère des Andes, en Amérique du Sud, les femmes portent un chapeau melon depuis les années 1920. Il fait partie du costume traditionnel, tout comme la jupe longue, le châle multicolore et le poncho. Le chapeau melon fut inventé en Angleterre en 1880.

En Angleterre, le chapeau melon fait partie depuis plus de 100 ans du costume traditionnel de l'homme d'affaires.

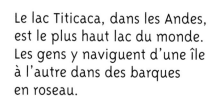

Où voit-on des hommes en jupe ?

Dans certaines occasions, les hommes des Highlands, en Écosse, portent le kilt. C'est une jupe plissée faite d'un tissu de laine à carreaux qu'on appelle le tartan. Le kilt est un vêtement chaud mais, comme il s'arrête aux genoux, on le porte avec de grandes chaussettes de laine.

Qu'est-ce qu'un sari ?

Le sari est un grand morceau de tissu que les Indiennes drapent autour de leur corps, c'est un vêtement traditionnel. Il n'a ni coutures, ni boutons, et sa forme n'a pas changé depuis des centaines d'années. En coton de couleur vive ou en soie, les saris sont très confortables et agréables à porter quand il fait chaud.

Les habitants des déserts se protègent de la chaleur et de la poussière en portant de longues robes. Ceux des pays arctiques se protègent du froid avec des manteaux doublés de fourrure.

En Écosse, chaque clan possède son propre tartan, aux couleurs et au dessin uniques.

Où couvre-t-on les mariés d'argent ?

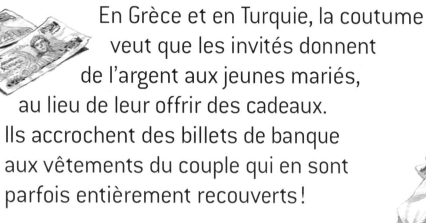

En Grèce et en Turquie, la coutume veut que les invités donnent de l'argent aux jeunes mariés, au lieu de leur offrir des cadeaux. Ils accrochent des billets de banque aux vêtements du couple qui en sont parfois entièrement recouverts !

À Madagascar, l'homme doit faire un discours public à sa fiancée avant de l'épouser. Si le discours est raté, il paye une amende et recommence !

Le jour de leur mariage, les jeunes hindoues se peignent de jolis dessins sur la peau à l'aide d'une teinture rouge foncé, le henné.

Quand les enfants sont-ils rois ?

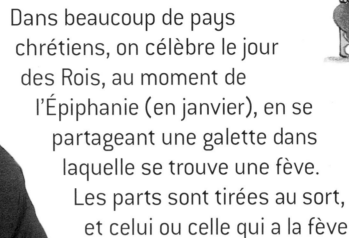

Dans beaucoup de pays chrétiens, on célèbre le jour des Rois, au moment de l'Épiphanie (en janvier), en se partageant une galette dans laquelle se trouve une fève. Les parts sont tirées au sort, et celui ou celle qui a la fève devient le roi ou la reine du jour.

Qui tire la langue pour dire bonjour ?

En Nouvelle-Zélande, les Maoris accueillent leurs invités en écarquillant des yeux féroces et en tirant la langue, en signe de respect. Si tu n'es pas maori, il vaut mieux ne pas les imiter !

Où les ombres dansent-elles ?

Les spectacles de marionnettes ont du succès dans le monde entier. En Indonésie, sur l'île de Java, le public y assiste de chaque côté d'un écran de tissu. D'un côté, on regarde les marionnettes, et de l'autre leurs ombres : c'est magique !

Les marionnettes de Java, en cuir peint, sont actionnées grâce à des fils ou par des baguettes.

Au Viêtnam, certains spectacles de marionnettes sont joués à la surface d'un lac, ce qui oblige les marionnettistes à se tenir dans l'eau.

Qui peint avec du sable ?

Les Navajos, un peuple indien du sud-ouest des États-Unis, créent, pour certaines cérémonies, de magnifiques peintures avec du sable coloré. Mais ces œuvres d'art ne durent hélas que le temps de la fête, et sont effacées par le vent et la pluie !

Certains tableaux de sable, assez grands pour que quelqu'un puisse s'asseoir au milieu, ont la réputation de guérir.

En Suisse, les bergers communiquaient entre eux à l'aide du cor des Alpes, un long instrument en bois qui résonnait d'une montagne à l'autre.

Qui fait claquer ses doigts en dansant ?

Le flamenco est une danse née dans le sud de l'Espagne. Les danseurs doivent relever la tête d'un air très fier, claquer des doigts et taper des pieds en rythme, au son de la guitare. Ils portent des tenues traditionnelles très élégantes et colorées.

Où trouve-t-on les plus grands champs de blé ?

Les grandes plaines du Canada et des États-Unis sont recouvertes de blé à perte de vue. Au Canada, il y a même un champ deux fois plus grand que la petite république de Saint-Marin !

Ces champs immenses doivent être moissonnés par une armée de moissonneuses-batteuses.

Dans le monde, on mange plus de riz que de blé. Les plants de riz poussent dans l'eau, sur des terres inondées qu'on appelle des rizières.

Où pousse le chocolat ?

Le chocolat est fabriqué à partir des graines du cacaotier. Cet arbre pousse dans certaines régions chaudes d'Amérique du Sud, d'Asie et d'Afrique. Les graines sont récoltées puis travaillées jusqu'à former la pâte de cacao.

En Thaïlande, les fermiers dressent les singes à récolter les noix de coco. Ils les font grimper au sommet des cocotiers, et jeter les fruits sur le sol.

Où y a-t-il plus de moutons que d'habitants ?

En Australie, les moutons sont bien plus nombreux que les habitants : 147 millions contre 21 millions, presque 7 fois plus. Heureusement, les moutons vivent dans d'énormes fermes au centre du pays contrairement aux habitants, qui eux, vivent surtout sur la côte.

Qu'est-ce qu'une motoneige ?

Pour parcourir 80 km, il faut une journée en traîneau tiré par des chiens, et une heure en motoneige !

Dans le nord du Canada et en Alaska, beaucoup d'habitants se déplacent en traîneaux à moteur : les motoneiges, qui sont des véhicules munis de skis à l'avant et tractés par des chenilles. Auparavant, les traîneaux étaient tirés par des chiens husky. Mais aujourd'hui, cela n'est plus qu'un sport.

Aux heures de pointe, dans le métro de Tokyo, au Japon, des employés sont chargés de pousser les gens à l'intérieur des wagons avant que les portes ne se ferment.

Les pêcheurs portugais peignent à l'avant de leurs bateaux des « yeux magiques », destinés à les protéger et à les ramener au port sains et saufs.

Où roule-t-on le plus en vélo ?

Les Chinois sont plus d'un milliard et ils ont presque tous un vélo! Dans les grandes villes, il existe même des parkings à vélos avec un gardien qui distribue des numéros et aide chacun à retrouver le sien. Ce mode de transport se développe depuis quelques années car il est bon pour l'environnement et pour la santé !

Où décore-t-on les camions ?

Les camionneurs afghans sont très fiers de leur véhicule. Ils les recouvrent entièrement de dessins sacrés très colorés. Même les roues sont peintes de différentes couleurs.

Pour décorer leurs camions, les Afghans utilisent parfois des chaînes en argent et même des capsules de bouteilles.

Les dromadaires courent-ils vite ?

Les dromadaires sont plus rapides que les chameaux. Ils peuvent atteindre 20 km/h.

Oui. Les dromadaires, qui n'ont qu'une bosse, sont si rapides et si robustes qu'on les monte comme des chevaux de course. En Arabie Saoudite, ces courses ont un succès énorme et attirent une foule de spectateurs enthousiastes.

Il existe toutes sortes de courses, des courses d'autruches aux courses d'escargots !

La pelote basque est le jeu de balle le plus rapide du monde. Lancée à l'aide d'une chistera, la balle peut atteindre la vitesse d'un T.G.V.

À quel sport joue-t-on le plus ?

On joue au football dans plus de 160 pays. C'est un sport pratiqué par des milliers de gens, dans les écoles, les rues, les jardins et, bien sûr, sur les terrains de football !

L'ancêtre du football est un jeu pratiqué il y a 2 400 ans dans la Chine ancienne. Cela s'appelait alors le « zuqiu ».

29

Les éléphants peuvent-ils briller ?

À Kandy, au Sri Lanka, a lieu chaque année la fête d'Esala Perahera. À cette occasion, les éléphants sont décorés d'étoffes brodées et de guirlandes électriques. Le soir, une cinquantaine d'entre eux participent à un défilé avec des musiciens et des danseurs qui agitent des bannières multicolores.

En Irlande, dont le trèfle est l'emblème national, le « leprechaun » est un petit lutin vert qui fait partie de la tradition.

Quel est le pays le plus vert ?

Le vert est la couleur nationale de l'Irlande et saint Patrick son patron. Le 17 mars, tous les Irlandais du monde célèbrent la Saint-Patrick de la façon la plus folle. Certains vont même jusqu'à colorer en vert aliments et boissons !

Qu'est-ce que le Jour des morts ?

Dans certains pays, on célèbre le Jour des morts du 1er au 2 novembre. Au Mexique, la famille et les amis des disparus offrent des fleurs et des bougies aux défunts et pique-niquent sur leurs tombes. Des autels sont aussi installés dans les maisons.

Pour le Jour des morts, les Mexicains fabriquent des squelettes multicolores en papier mâché.

Février est le mois des carnavals à travers le monde, avec parades, costumes et musique.

La fête d'Esala Perahera au Sri Lanka se déroule au moment de la pleine lune de juillet, et dure 10 nuits.

Index